POEMAS AHOGADOS EN EL TIEMPO

William L Villegas Orozco

Reservados todos los derechos. No se permite la reproducción total o parcial de esta obra, ni su incorporación a un sistema informático, ni su transmisión en cualquier forma o por cualquier medio (electrónico, mecánico, fotocopia, grabación u otros) sin autorización previa y por escrito de los titulares del copyright. La infracción de dichos derechos puede constituir un delito contra la propiedad intelectual.

El contenido de esta obra es responsabilidad del autor y no refleja necesariamente las opiniones de la casa editora. Todos los textos e imágenes fueron proporcionados por el autor, quien es el único responsable por los derechos de los mismos.

Publicado por Ibukku, LLC
www.ibukku.com
Diseño de portada: Ángel Flores Guerra B.
Diseño y maquetación: Diana Patricia González Juárez
Copyright © 2023 William L Villegas Orozco
ISBN Paperback: 978-1-68574-554-7
ISBN Hardcover: 978-1-68574-556-1
ISBN eBook: 978-1-68574-555-4

Índice

PRÓLOGO	7
CAPÍTULO 1	
LAS PALABRAS QUE EL VIENTO ARRASTRA	9
Escarceo I	11
Escarceo II	12
Escarceo III	13
Escarceo IV	14
Escarceo V	15
CAPÍTULO 2	
LA TORMENTA INTERNA QUE PULVERIZA EL ALMA	17
La Guerra	19
Quiero	20
Elegía de un suspiro fugaz	21
Una mujer	23
Los tumultuosos y sesgados	24
Escepticismo	25
Un canto juvenil	26
Angustia	27
CAPÍTULO 3	
CONTEMPLACIONES AHOGADAS	29
Flores de ausencia	31
Compasión	33
Una oda para Gloria en mi penumbra	35
Contemplando mis convulsiones	37
Momentos de fiebre	38
¿Quién soy?	39
Al hombre	40
Hasta el asombro muere	41
El guerrero solitario	42
Adefesios y sátrapas	43
Buscando contemplar el tiempo	45
CAPÍTULO 4	
DESTELLOS DE LOS ILUMINADOS	47
Thoreau, el visionario	49
Haller, el lobo estepario	51

A veces Rorty	54
El poeta	57
La condición humana	60
De la justicia la causa	64
Paradoja	65
Al maestro, la palabra	67
Ausencia	68

CAPÍTULO 5
RECAVANDO LA EXISTENCIA — 71

Perdida existencia alucinada	73
Caminante universal	74
Chepita	75
La madre	78
De mis compañeros de colegio	79
La fiesta	81
Evolución del pensamiento humano	83
Nostalgia errabunda	84

CAPÍTULO 6
LAS PASIONES QUE ENCIENDEN AMORÍOS — 85

La música eterna	87
Los Andes enigmáticos	89
Incógnita	91
Claro de luna	92
Un beso	93
La desolación	94
Gloria	95

CAPÍTULO 7
UNA FUERZA NATURAL INDÓMITA — 97

La debacle de la guerra	99
Orogenia en los Andes	100
Arrecifes de coral fascinantes	103
Desilusión	106
La maravillosa ondulación de la luz	108

CAPÍTULO 8
LA LÓGICA TECNOCIENTÍFICA — 111

Las redes del ciberespacio	113
El metaverso se queda	115
El futuro	117
No es el olvido, quizás, lo que queremos	119

A la memoria de mis padres Gilma y Hernán

PRÓLOGO

La condición del ser humano es especial: está incorporado en el territorio y en su ecosistema y bioma; su devenir es relevante pues adquiere conocimientos y experiencias de vida, que impactan no solo el medio social sino el mismo medio ambiente. En este sentido, *Poemas ahogados en el tiempo* representa las afugias de la vida misma, sin desconocer lo que está antes de la vida, lo que ocurre durante la vida y lo que sucede a medida que nuestra existencia corporal declina.

La vida es superior a la muerte, de manera absoluta. Como decía Borges, "el mero hecho de ser es ya un prodigio que ninguna desventura debería eximirnos de una suerte de gratitud cósmica". Todo en el universo se convierte en polvo cósmico, sin vida inherente; pero queda lo que dejaste vivo, lo que sembraste, ya sea en el vientre de una mujer o en los suelos arañados con rastrillos, arados y azadones, en los océanos, en el firmamento, eso queda; o quizás al final también se desvanezca como el soplo de un ventarrón que dispersa los filamentos de la flor de diente de león que crece en las campiñas, entre los pastos del planeta tierra.

Cada uno de los poemas tiene vida propia; probablemente rompen los esquemas de la métrica y la profundidad filosófica, a veces con un lenguaje técnico pero concebible, y otras veces con un lenguaje más común. Todos los poemas buscan deleitar en el vacío que deja la mirada individual del mundo o el mismo colectivo pensamiento que se cristaliza en comunidad, democracia, sociedad. Son sumatorias de vivencias y creencias individuales usualmente comunes. "Cada poema es un desafío esplendido, profundo, luminosos y pensativo", escribió William Ospina en *La llama inclinada* de Carlos Satizábal.

He recogido cada poema, todos inéditos, desde mi adolescencia, pasando por la madurez que implica la vida misma, hasta la edad de plata, para expresar toda la calidez humana, encrucijadas del alma, inquietudes y dolores de todo ser humano. Busco un sitio en el universo, en el que la palabra, si es posible, se perpetúe, encuentre eco; así sea el de un ahogado, que sale a la superficie a tomar agónicamente una bocanada de aire para negarse a morir, para permitir dejar a otros, su descendencia, sus memorias o su razón misma y así prolongar su existencia. Busco algo que nos dignifique como seres, que persevere en el universo y nos eternice como Homo sapiens. Cada uno es una especie de redención de sí mismo como lo sintió el Príncipe Nejliudov en *La Resurrección* de León Tolstoi.

CAPÍTULO 1
LAS PALABRAS QUE EL VIENTO ARRASTRA

"Me gustas cuando callas porque estás como ausente.
Distante y dolorosa como si hubieras muerto.
Una palabra entonces, una sonrisa basta.
Y estoy alegre, alegre de que no sea cierto".

Pablo Neruda, *"Veinte poemas de amor y una canción desesperada"*

Escarceo I

Dilucidando la palabra
la palabra no me sale,
pero un alud de imágenes
cruzan por mi mente
buscando un espacio para enterrarse
para morir
o para volver a nacer.
Una vez se empieza a caminar
lo único que importa es llegar.
El final, ¿cómo será?

Mirar el atardecer era un placer:
Coloreado, a veces, rojizo y amarillo
se iba ocultando en una puesta de sol,
parecía explicar que el día tenía un final
y que era sorprendente cómo la luz
se apagaba pausadamente, como una persona.
La noche abominable lo cubría todo,
lo ocultaba todo,
y los campesinos prendían sus linternas
para seguir caminando. Era la fuerza de la vida
negándose a extinguir.

Escarceo II

Palabras alocéntricas.
La palabra, vehículo que relaciona,
identifica; si universal es su descripción.
El pensamiento crea la palabra,
da un inventado significado,
descubre las voces en el vacío,
o en la materia que la rodea.
El Homo sapiens no es dueño de la palabra,
es dueño del pensamiento que divaga.
Las palabras se llenan de misterio,
dan vida a las cosas, imágenes fantasiosas
Conexiones neuronales en sinapsis impávidas.
Se ahogan las palabras que rompen el alma,
las que destilan violencia, crueldad
las que cantan en frondosas arboledas
y caminos perdidos en la memoria.
A pesar de todo, su existencia pervive
para morir y resucitar,
en el aliento frecuente de lo humano,
en la sensible florescencia de un arvense
diente de León *Taraxacum officinale* weber,
en la mirada sorprendida de un conejo.
Muere el hombre, la palabra busca revivir.

Escarceo III

La palabra tiene la voz del sonido,
signos e imágenes
historias y silencios.
Si se apaga la palabra, la civilización muere.
Quedan los signos y el silencio.
Si la civilización muere, se duermen las palabras
hasta que alguien, un alienígena,
la recupere, le dé vida y le cambie los sonidos.
No morirán, solo cambiarán sonidos y figuras.
Otros seres recuperarán todo,
mientras abandonamos el cuerpo,
para volver al origen, para volver a ser
polvo diseminado en una nebulosa desconocida.
La palabra no tiene corazón,
los seres se la imaginan o se la colocan,
para renacer o morir en el intento.
La palabra es humilde, soberbia,
clandestina, retórica o pletórica.
La palabra nunca está vacía,
aunque no contenga nada.

Escarceo IV

Las voces se pierden en la hondonada sin eco.
Las palabras no son los objetos sin velo,
la palabra rescata infinidad de olores y sabores.
Debo redimirla y darle alas de cóndor o libélula.
¿Qué palabra le pongo a mis sueños?
Ellos vienen del pleistoceno y se radican en el holoceno.
Arrastran muchas vidas que el Antropoceno registra.
Quizás "ilusión" sea la palabra o sobrevivencia podría.
Mis sueños se rediseñan en entropías milenarias,
sepultando polvos ígneos de estrellas ignotas
y sonidos extraños.

Escarceo V

Las palabras salen del corazón de alguna manera,
o se ocultan en una mirada, o en la expresión
de un colibrí aleteando frente al cáliz de una flor.
También se ocultan en el sonido vago
de un trueno en lontananza
o en la mirada perdida de un sueño.

La palabra tiene voz y escritura cuando le damos un nombre a lo que vemos, a lo que sentimos, a lo que hacemos y amamos. Nuestros ancestros originales así lo hicieron. Heredamos el significado de cada palabra, en cada lengua, en cada cultura, en cada civilización, en cada época. Todo para comunicarnos, interactuar colectivamente, en esta oleada de códigos digitales que se repiten en los aplicativos. La palabra perdurara hasta que una fuerza mayor lo determine.

Los seres humanos convertimos la palabra en lo que queremos, en psicodélica vida, en plenitud, en bondad, en solidaridad humana, en asonada, en fraternidad. También la podemos arrastrar hasta la angustia, hasta el último eslabón de la miseria, hasta la crueldad. Ya en el horror no hay palabras, porque el horror mismo las sepulta.

Hay muchas maneras diferentes de reír y de llorar,
muchas maneras diferentes de habitar el mundo,
para no ahogarse sin perder la palabra,
su atávica nostalgia oculta.

La palabra se esconde en el abismo,
en el silencio perdido de la noche,
para abrazar un amanecer incierto, fulgor de sueños,
habitante de caminos vastos y miradas reflexivas.

CAPÍTULO 2
LA TORMENTA INTERNA
QUE PULVERIZA EL ALMA

"[...]
¡Hurra por los que cayeron,
por los barcos que se hundieron en la mar,
por los que perecieron ahogados!
¡Hurra por los generales que perdieron el combate
y por todos los héroes vencidos!
Los infinitos héroes desconocidos valen tanto como los héroes más
grandes de la historia"

Walt Whitman, *"Con estrépitos de músicas vengo"*

La Guerra

Es una lucha pletórica de vanidades ocultas o miserias privadas.
Es la lucha por una imposición de las tinieblas de la sinrazón.
Es una pérdida de esperanza o la pírrica victoria de cenizas.
Nadie gana. Y lo que queda después de la masiva destrucción
no solo son lágrimas: dignidades ofendidas y seres muertos.
Unos de ira y rabia por lo que otros ordenaron,
los faraones de la muerte. La Guerra,
esa fatídica dimensión de lo desconocido
que expresa lo más feroz, el odio más infernal compungido,
la expresión de lo más bajo y ruin del género humano.
Derrota el honor, deslegitima la misma creación humana,
derrocha mentiras, entierra verdades, consume diásporas.
Reconoce el horror del otro y no el propio,
reproduce tumbas y enmudece espíritus,
desgarra almas y enluta patrias, pueblos y caminos,
en lo más profundo de la tierra.
Mientras la imposición ideológica prevalezca,
alimentará guerras, despertará odios y catapultará esperanzas.

Quiero

Quisiera entrar a las aldeas
y sembrar esperanzas y claveles en sus calles;
cubrir ciudades, pueblos y villorrios
de dulces sonrisas y caminos.

Quisiera cubrir de mantos suaves y ternura
los tortuosos caminos del migrante;
de pan las piedras y algodones el asfalto,
que caliente quema las plantas de sus pasos.

Quisiera pintar los ríos y los campos
de luces, fotosíntesis y senderos,
llenando de paz los corazones desolados
y de aquellos que deponen la desgracia,
permutando por dulces melodías,
el fuego de disparos y cañones.

Quisiera ser estrella y llenar de polvo cósmico
la vida repleta de generosos besos y esperanzas,
y lanzar torrentes o diluvios de azucenas y lirios
en la gran orografía planetaria;
sobre todas las personas, flora y fauna,
para sanar el dolor y el cataclismo.

Quisiera enterrar fusiles y metrallas
y fecundar sueños, ideas y canciones.
Promover el éxodo planetario, hacia mundos azules,
con praderas verdes y frondosas,
donde no haya crueldad ni conspiraciones,
para cosechar la vida y la multidimensionalidad entera.

Elegía de un suspiro fugaz

Era muy temprano un día de invierno.
Navidad y año nuevo se habían ido unidos a un presagio.
Nunca volverá al corazón la calma, nunca.
Volverán solo angustias, melancolías e imágenes
con colores oscuros que nublan el alma,
pero brillan en lontananza,
luces que llaman profundas nostalgias con sabor amargo,
amarga vida de inextricables mensajes.
Llegué al Memorial Hospital,
mi mente en fuga cual fantasma inquieto. No sabía qué expresión mostrarle.
Mi madre postrada, un cuarto repleto de cables y pantallas, un cable entraba a su boca, mis sentimientos confundidos.
Madre amada, de mi corazón anhelante, madre inspiradora, madre querida.
Yo pusilánime, yo perturbado, yo contrito
yo el que regresa a Bogotá para afrontar responsabilidades, inocuas, esfuerzos no reconocidos,
frustraciones por cambios inconclusos, dolor de la miseria humana, descorazonada, irracional.
Pasmosa circunstancia que me enturbia.
Ella dormía, se veía tan vulnerable, su piel blanca parecía retocada,
pálida,
una vida dedicada a sus hijos, solo una madre sabe la profundidad de sus sentimientos.
Ella despertó, abrió sus ojos, ojos claros y expectantes;
profunda y amorosa
postrada mi alma, desgarrada, mis palabras no salían.
Una mirada, era lo único que veía en ella, una mirada.
Alcé la mano y un ademán de adiós. Ella, mirada expectante.
Mudo atravesé el *hall*, que por casi dos meses diarios recorrí, mudo.
La pequeña capilla, una oración, una súplica, una lágrima.
Mi hermano me transportó al aeropuerto.
Yo mudo, taciturno, yo confundido.
Un abrazo y luego me alejo.
Un presentimiento.
Mi mente brincaba entre recuerdos,

recuerdos que opacaban lo presente, lúgubre
mares y ríos, montañas y nubes
desde el avión meditando, ella seguía en mi mente
triste, taciturna. Los fantasmas desgarraban mi alma.
Quince días después, ya mi mente, un recuerdo, ni su mirada tenía.
Regresé a buscar lo que la tragedia humana después de devastar arrasa.
Miré en el salón de la funeraria, su cuerpo yerto,
su mirada apagada. Entonces di la vuelta y busqué un cuarto de baño.
Mis lágrimas saltaron de mis ojos.
El espejo entonces reflejó mis ojos, eran los de mi madre.
Ella me dejó su mirada expectante.

Una mujer

Taciturna mujer,
muy encrespada,
buscando ilusiones y mendrugos.
Abúlica, circense,
ataviada de desechos y miseria,
acariciada por protervos clientes,
con descontroladas ansias
en lascivas desnudeces,
deseos, ciegos y excitantes.
Jugando al amor,
esquivando las angustias,
entregando sus senos despechados
deseosos y deshechos.
Permitiendo manos extrañas,
lujuriosas y lascivas,
inescrupulosas y absortas,
para sentir gustos y
descargar deseos,
esculpiendo apetitos insaciables
en su cuerpo de diamantes
y topacios, baratijas.
Mujer de suaves curvas,
perfumada piel,
entre olores de sudor y semen.
Los turbios mal pensantes
de machos atarvanes
cobijan con sus cuerpos
la desnudez de diva presumida.
Después de los espasmos,
aprieta y sube cremallera,
papeles en la mesa,
fugitivas miradas.
Y la taciturna mujer
vuelve a la ronda
y se la juega tonta,
para vencer la vida
y ahogar la pena.

Los tumultuosos y sesgados

Hijos del holoceno,
la furia es de ellos,
los autoexcluidos,
los perdidos,
los relegados,
los resentidos,
solo quieren una parte del pastel de la vida.
También respiran y cantan.
Solo gritan y espantan
porque quieren vivir,
amar y sanar esperanzas fallidas.
No han sabido luchar porque nacieron así,
en un mundo de configuraciones improbables,
clamores perdidos en voces fluidas.
Solo quieren la oportunidad de la vida,
los claros goces de la esperanza,
así no sea ganada.
¿Por qué no escuchamos su grito,
abrimos un espacio
en lugar de usar panoplias,
de acero y leyes
y en lugar de llenarlos de espanto,
los llenamos de encanto de vigor y luces
de comprensión y camino?
Entonces la primavera será más equitativa,
y el mundo amplio y ajeno
ya no será tan amplio y ajeno.
Volverán grandes los corazones
y las almas vivientes.
Brillarán más estrellas,
los mares serán serenos
y las masas serán multitudes solidarias.
Sin embargo, la felicidad
seguirá ausente.
La paz esperada no está
ni en la equidad social ni el bienestar,
está en la razón del alma.

Escepticismo

Endemoniada y dogmática expresión.
Niegas la verdad oculta en el saber y, es más,
promueves la castración del pensamiento indómito,
de la genialidad mental y el discernir liberto,
de la innata búsqueda del conocimiento humano.
La verdad es un paso a otras verdades:
serán certezas, serán nuevas luces,
el estudio en el tiempo lo dirá.
Después de la duda, que escenifica búsqueda,
el escéptico pervierte, mas no la duda,
duda vacilante, duda que nos lanza al más allá
de la concepción humana.
Es la duda el camino, obliga a comprobar,
reclama la certeza, genera confianza,
permite aclarar el firmamento perlado,
en ideas del despertar humano, ecléctico.
Refresca e impulsa la innovación científica,
incorpora la razón y la reta.
De otra parte, el escéptico, dragón cruel y caprichoso,
expulsa feroz por su garganta ignota,
espantosas llamaradas de fuego y azufre;
que desintegra la duda.
La duda permite, sin negar lo afirmado,
ni constreñir la verdad, entender la certeza,
descubrir misterios, serendipia grata,
explorador de siempre, que el escepticismo ignora.

Un canto juvenil

Un soñador empedernido
que quema sus ensueños en asfalto
corre tras luces, brillos y reflejos
buscando la verdad, la luz y la ternura.
Quiere el joven conjurar prejuicios,
arruinar mentiras,
disuadir retórica,
florecer caminos,
catapultar rencores,
enterrar perjuros,
cambiar miserias,
aterrizar sueños,
descubrir cosmos en las minúsculas
partículas de los virus,
declamar a lo Sergio Stepansky,
conocer el buque de los enamorados,
del poeta Castro Saavedra,
destronar mitos,
corregir desvíos,
descartar amigos,
albergar corazones,
construir asombros,
humillar engaños.
En fin, reconocer a la persona humana,
trascendente y fantástica,
dolorosa y abrumadoramente victoriosa,
llena de vanidad, ingenuidad, ruidosos sonidos
de solidaridad y caridad.

Angustia

Voraz angustia que oprime mis pasos,
lacera mi presente,
fenece mis metas.

Moléculas irrisorias, propagada entropía.
Ni siquiera vida propia tienes, ladronas de estructuras moleculares vivas.
Produces terror donde hay alegría.
Producen desconfianza y temor.
Redescubres la miseria humana, la ignorancia y el egoísmo.
Desarraigas ternuras, extingues caricias, alejas cuerpos, vidas y sueños.
Derrumbas panteones, produces espantos y desarraigos colectivos.
Atacas a mansalva como criminales inmisericordes buscando derribar vidas.

Impávida penetras de mil maneras, deliberada, abyecta, sigilosa.
Corrompes mentes,
corroes sutiles pensamientos,
solapas tertulias y libidinosas fiestas.
En un instante descuidado de la angustia,
el olor de lavanda o verdes pinos,
cautivan la angustia hasta perder su esencia.
Aroma de café, suave delicia, como huracán bravío la sepultas.

CAPÍTULO 3
CONTEMPLACIONES AHOGADAS

"Empecé a escribir sobre la luz en una época en que me ahogaba en mis propias tinieblas. Quizá debe ser así: la luz nace en medio de la oscuridad"

Pablo D'Ors. *"Biografía de la luz"*

Flores de ausencia

Dolorosas florescencias,
destellos coloridos con fragancias,
música, muda ausencia dolorosa,
pensamientos evocadores
en ensueños tormentosos
de exuberantes y lúcidos colores,
que engalanan pensamientos
y entristecen atardeceres.

Traviesas estructuras morfológicas
que llenan de alegría montañas y laderas,
tristes ataúdes oscuros
y atrevidas fiestas.
Flores de ausencia,
flores de alegría pasajeras,
de retornos, misterios y fantasmas.
Colores vivos evocando amores.

Flores de ausencia de la historia
de mi existencia viva y libertaria.

Somos un alud de misterios y escasez,
de historias no contadas y abedules,
de sombras perdidas en las calles,
de avenidas sumadas y falaces.
No obstante, ausencias,
flores perdidas y añoradas
en jardines de veranos fulgurantes,
saturadas de luces y aleteos.

No hay sueños sin flores, sin ausencias;
las flores de mis sueños florecidos.

Flores de ayer, sin sabores sin olores,
flores amigas, fulgurantes,
flores de campo, abiertas, impacientes,
repletas de destellos y perfumes.

Flores mías, flores de hoy,
acacias, hortensias y laureles,
quimeras undívagas y aterradas,
flores nimias que llaman al retorno,
al sentimiento, al dulce pensamiento,
al profundo regreso a las raíces, a las cenizas,
a la tierra, al carbono fundido,
ya mañana ya en la nada.

Compasión

Tercer milenio desolado,
del presente y del pasado ilumínate;
porque sin escrúpulos ahogas,
en un mar lejano y silencioso,
la profunda compasión humana.
Que ni *la Piedad* de Miguel Ángel
conmovió un instante,
obligando a la madre dolorosa
a esconder en su rostro despechado;
más que piedad interna, resignación de madre.
Porque un mundo incapaz de la armonía
pretende desterrar la compasión,
la generosa fraternidad que une,
para eludir el encontrarse, el sentir
que la razón pregona,
permitiendo que la ira feroz, envidia y odio
reemplacen las virtudes y valores
que nos hace seres solidarios.

Es ya un innoble cataclismo que
redes sociales de sucesos
falsos, escabrosos, maquillados
que sin sesos el alma banaliza
para imponer conflictos demenciales
que inducen desconfianza
en un mundo voraz y malicioso.

Ni la misma justicia del togado
reclama compasión en su sentencia,
porque nadie pierde sus estribos,
sin antes causa humana fue asistido.
¿No es menester, pregunto,
que la naturaleza humana
se llene de compasión herida,
por la crueldad infame y homicida
de un ser viviente, multitud o turba

con una piedra o arma,
o un ejército
sin piedad movido
aprieta un trueno desolado,
para sembrar de muertes las llanuras,
valles, calles y montañas
sin un atisbo de conmoción visible?

¿En qué rincón del corazón se esconde
esa compasión divina, universal o cósmica
que enmudece el sentimiento humano,
para compartir dolor o profundas amarguras
en un anhelo de lealtad prístino,
de noble solidaridad de especie,
para acallar dolor, ira y sufrimiento?
Sin embargo;
Parece no ser la meta del infame,
para doblegar por ignorancia humana,
basado en la soberbia crueldad
de ser dueño y señor de sus prejuicios,
sin antes pedir razones luminarias, o
invocando el poder de la palabra,
para no perder en la profunda experiencia humana,
el ser, la promesa, el perdón y la conciencia
que enaltece el sentido de la vida
la convivencia, el sentir humano.

Una oda para Gloria en mi penumbra

Me atormentan los mares iracundos,
los rayos y centellas que rompen el silencio
de mi mudo espíritu, taciturno, escolástico, virulento.

Gloria, Gloria amiga, Gloria de campanarios y sonrisas,
habitas mis memorias y mis sueños,

y te pierdes a lo lejos entre sombras y recuerdos percibidos.
Te pierdes entre moléculas de carbono
y de hidrógeno desintegrado por el tiempo.
Cubriré tus entrañas con la voz ausente de mi vida.
Algún día volveré con mi capa de nostalgia
y la pondré sobre tu castaña cabellera de hilos juguetones con la briza;
y entonces la capa perderá su nostalgia
y besaré los sueños de tus sueños,
Entre aromas de pétalos y azares.

Gloria, Gloria amiga, Gloria de campanarios y sonrisas,
habitas mis memorias y mis sueños.

Me atormentan los mares iracundos.
El tiempo y la agonía de mis luces
no borran tu rostro de mi mente.
Cabalgaré entre ruinas y victorias, sobre abismos y montañas.
Construiré palacios elegantes y
cubriré tu lecho de azahares.
Atraparé con mi pecho de soldado
las tormentas violentas que te siguen,
y las convertiré en almíbares, aromas y bizcochos
para honrar tu camino y pisadas.

Gloria, Gloria amiga, Gloria de campanarios y sonrisas,
habitas mis memorias y mis sueños.

Me atormentan los mares iracundos
que corren con furiosas amarguras.
Gloria amada de gardenias y azucenas
engalanas la ubérrima furia de mis azotadas borrascas,

las calles pequeñas y fugaces, las casas florentinas asombrosas
de mis cuentos fantásticos y ocultos,
y la fantasía subyacente de mis labios.
Y entonces, nuevamente,
pediré al altísimo casi ahogándome
volver a nacer para abrazarte.

Contemplando mis convulsiones

Bizarras melodías de otrora época
que han sido taponadas de ígneas rocas,
en un mundo donde todo es relativo y sombrío,
en el camino rezagado del destino,
motivado por la insidia y los rencores
de mundanas y ocultas ideologías.

Atado a la miseria de la vida,
al camino recorrido que me ahoga,
a la fina mirada del pasante.
Me encuentro confuso, atronado.
Busco una salida:
llegar a otros puertos sin pasado
y construir futuros con mis sueños;
pero el presente me ahoga, me seduce,
me anquilosa.
No hay tiempo de pensar, debo sobrevivir
en medio de un diluvio claudicante, que empeora
el jardín de mis consensos y vivencias
de principios y resguardos.

Momentos de fiebre

Mis destellos de ira resplandecen.
He roto las cadenas de la ignominia humana.
Mis sombras palidecen y se desvanecen,
todo en mí, de mí repleto.

Vuelve la calma.
En lugar de tambores en toques insistentes,
violines entonan amorosos sonidos,
complejas y sensibles notas musicales.

Convocados, renacen Beethoven, Haydn y Tchaikovsky;
Orff, Straus y Handel;
Rossini, Bach, Mozart y Shubert.
Astronómicos sonidos se cruzan fulgurantes,
vibrantes memorias las neuronas nos traen.
Sigilosos en mente,
cabizbajos recuerdos,
sorprendentes grandezas,
minuciosas sonrisas,
cadenciosos movimientos.
Hoy me conmueven las mudanzas,
los amigos que pierden sus miradas,
los hermanos que buscan los resabios,
las manzanas que pierden sus sabores
por genéticas modificaciones confiscadas.

¿Quién soy?

Soy un lobo estepario,
solitario insulso, cabizbajo
truhan, en lontananza,
abúlico, herido, sitibundo,
abisal, enjuto, misterioso.
Añoro el mar, amo verdes montañas,
montes que esconden vida, biota,
secretos entrañables, entre maderables,
selva de árboles y arbustos,
con olor fresco y absconto.
Entrañable tierra que me arrastras
a tu vientre, un día regresaré
sin sueños, sin huesos, sin mirada,
simplemente en ceniza de carbono y minerales
¿Quién soy?
Un montón de cadenas de carbono
en un cuerpo viviente que respira
que incorporan moléculas de aire
y convierte la luz en primavera,
en doradas y finas filigranas,
dispersas en la nada, o en el todo.

Al hombre

Devolvamos al hombre su mirada,
su capacidad, su obra, su donaire,
su dignidad, sus sueños, sus valores.
Que recobre los pasos sublimados,
que enaltezca la sombra y el sendero.

Devolvamos al género humano su esperanza,
el brillo de luz en sus miradas,
la voz, su romance, sus angustias,
la de cada uno, la de cada cual,
la del trotamundos en continuo recorrido.

Me aterra los que aterran y sonrojan mi mejilla.
No quiero leer agravios, descalabros,
abultadas palabras desafiantes, mentiras vestidas
de verdades, heridas que se abren,
soldados o labriegos mutilados,
camisas perforadas, chigüiros disecados,
palomas oscuras, entre soberbias figuras
que buscan aturdidos,
rescatar la vida humana del pogromo impúdico.

Hasta el asombro muere

La poesía es un sueño
inevitable de perder.
Sirve para atrapar el tiempo,
desahogar el espíritu.
La nieve de invierno me interioriza,
el alba me cautiva,
el atardecer me sublima.
Entiendo el mundo
cuando entiendo al otro.
Ni las espeletias andinas, paramunas,
ni los corales que se mecen
cual vaivén de los océanos, cautivantes,
hoy me asombran tanto.
Pero más asombro causa,
dejar morir la vida
en el espíritu mismo del humano,
es la gran desidia,
la de perder nuestro rastro
para jamás volver.

El guerrero solitario

Los mundos que rodean nuestra mente,
la lluvia, los sonidos,
el aleteo de una mariposa,
la luz tenue que por la ventana entra,
todo parece conspirar contra el vacío,
el vacío que genera la vida misma,
cuando el existir deja de cautivar.

Yo saco mi espada del cinto, amago con ella empuñada,
miro los inconmensurables mundos, que del cielo
sus destellos vibrantes son un reto,
asombrando a millones de años luz, inalcanzables.
Se apagan disueltas en un mar de tinieblas, otras
resplandecen como chispas fulgurantes, destellos encendidos,
vidas extrañas, mundos desconocidos.

Y los vacíos, enormes espacios entre ellos,
impulsan una unión cósmica de seres.
Quizás allá, la soledad del ser humano y el misterio de su engaño
tenga una respuesta que dispare una horda de estrellas relucientes.

Adefesios y sátrapas

Cuando el resentimiento aflora, la razón se oculta,
y las fuerzas extras de la vida
sacan sus manos del fuego enfurecido.
Sueños inconmensurables
cruzan la mente del soldado bueno,
para luego la turba enfurecida, energúmena,
muestre sus iras y rabias aplastantes,
sus odios y miserias viscerales.
Y lanzan sus cóleras pétreas, amorfas,
pero sus odios y miserias no son de ellos;
fueron sembrados por cuentos, rencores y muertes.
Solo quieren firmar con insolencia humana
la gran mentira que encierra la barbarie.
Veo la sangre, la falsedad furtiva,
la derrota y la duda.
Mundo de quimeras, ocultad mi alma,
vaga y meditabunda,
sobria y temerosa,
cálida y taciturna.

La barbarie se convierte en razones
que la razón no aprueba.
Destruid todo, porque todo vale,
pero lo que vale, se desvanece
ante la infinita maldad,
la soberbia innata
del político mítico
y del milico.
¿Quién dio poder a los vándalos
para inundar calles y avenidas, de protestas lacayas,
protervas emotivas y vulgares,
mientras multitudes construyen silenciosas
hospitales, esperanzas y castillos,
adefesio endurecido, cansados narcisistas
del desorden, del imperio soberbio, del oculto?

Agotada faena
en intransigentes entes
y vulgares rufianes
de holocaustos resurgentes.
Si la verdad es de todos,
alguien miente desde las sombras
psicodélicas de la turba intransigente.

Buscando contemplar el tiempo

Me aislé para encontrarme.
Me senté en el prado de una ladera alta
del piedemonte montañoso, pasto verde;
la montaña dividida y en ella riachuelo y arbustivos;
sobre el *Penisetum* florecillas blancas,
arvenses de flores amarillas.
Me dejé caer de espaldas
y frente al enorme azul del firmamento
yo aspiré y expiré.
El mutismo… parecía omnipresente,
un instante,
otro interiorizaba el silencio.
Desde la colina,
la gran colina de la montaña fría,
qué profundo azul, qué inmensidad.
No se ven estrellas ni luces,
solo un azul celeste.

El aleteo de un colibrí,
frente a la flor de un san Joaquín,
sin saberlo rompió el silencio y
ahondo el encanto puro del instante.

Llegó en nocturno la brisa fresca.
Yo seguía buscando contemplar el tiempo:
no veía nada
y el sonido era la nada,
pero que expresa la nada
Yo no pregunto.
A la mañana siguiente regresé a la colina,
escuché entonces el sonido fresco
de un riachuelo transitando entre piedras y caídas.
Me acerqué a su orilla,
vi el fondo de brillante arena:
el líquido formaba pequeños depósitos,
que detenía la velocidad serena

de agua transparente y estancada,
mi figura y el cielo reflejadas.
A través de ella, todo parecía brotar,
la imagen persistía, fluía
reflejo sorprendente de mi tiempo y espacio.
Yo en el medio
solo disfrutar quiero,
eternizar el momento,
que captura el espíritu del agua,
la conexión con el infinito azul.
No existe conexión más pura
en este instante:
mi imagen y la del infinito espacio
era una tibia mañana de la colina fértil,
para una contemplación sin preguntas.

CAPÍTULO 4
DESTELLOS DE LOS ILUMINADOS

"Pero en medio de la libertad lograda, se dio bien pronto cuenta Harry de que su independencia era una muerte, que estaba solo… Que lentamente iba ahogándose en una atmósfera cada vez más tenue de falta de trato y de aislamiento"

Hermann Hesse, *"El lobo estepario"*

Thoreau, el visionario

Thoreau, el agrimensor,
el tosco, el desobediente,
el irreverente, el solitario,
tocó la puerta de la vanidad oculta,
para abrir ventanas y acariciar la brisa
con olor a tierra, pino, arce y abeto
y devolvernos a la recóndita posición de especie.
Viviste como un poeta y moriste como un filósofo.
Entre arándanos, tomates y lechugas
buscaste al hombre multidimensional,
proscrito, para contemplar laderas,
lagunas y montañas con olores frescos,
sudor y musgo,
tratando un día de evitar honroso
la rutina diaria del primer hastío,
del desespero mudo,
que el materialismo ancla,
en la frágil mente del modernista ebrio.

Recogiste de Francisco el santo,
en la búsqueda de la sencillez humana,
el decoro amoroso de bosques, orugas y claveles.
Impetro Thoreau al género humano,
simplificad, simplificad y volved a la naturaleza
un romántico diferente,
un visionario perspicaz, profundo,
entre madrigueras, arbustos y humedales,
escarbando en la tierra las raíces,
profundidad de especie y misterio.
Volved a la naturaleza,
a lo simple,
a la insondable capacidad humana
de respetar especies y ecosistemas propios.
Volved a la contemplación,
a la sencilla vida

que nos conecta con la fibra interna
de musas que cantan desconocidos sueños,
para no ahogar el agua que corre en la ladera
de la mutable condición humana.
Te adelantaste visionario asceta
al azul perspicaz de un Gunter Pauli,
para descubrir la vida, modos y caminos,
para balancear el espíritu agónico de lo humano,
ahogando la callada desesperación
de la angustiosa necesidad humana.

Haller, el lobo estepario

Afilados tus dientes ya me asustan,
pero más aun tus ojos bien rasgados,
incisivos, profundos de lobuna mirada sigilosa.
Tus garras no asustan, de perro parecen
en tu hábitat te ocultas cuando el sol deslumbra
y apareces humanado, suavizando las miradas.
Inconsciente, te deslumbra el firmamento,
y te disuade la alborada.
Pero aulló el lobo,
la bestia agoniza
y su especie cambia de feroz subsistencia
al odio de clase, al odio de especie.
Resucita el lobo y enmudece al hombre.
El lobo estepario reclama su esencia,
sublima el dolor de su brutal herida,
vigilante nómada, adaptado y fuerte,
lobo enardecido salido de la horda,
ágil asoma,
se atreve curioso la feroz bestia,
solitario piensa ya no soy una bestia,
mi instinto controlo, paroxismo histérico.
El lobo estepario trotando se pierde
en las frías estepas del espíritu humano.
La codicia lo abruma, el odio despierta,
en banal subterfugio,
sin banderas corre, de fronteras no sabe.
El lobo estepario ahoga las penas,
destroza la vida,
enaltece y deprime, porque
también hay profundos dolores,
que, en principios eternos, en su espíritu
afloran.

El lobo estepario sacude conciencias,
confronta desenfrenos,

despierta melodías.
El hombre no acepta,
consumismo finito,
se piensa infinito, existencia irreflexiva.
Buscad la esencia, orondo replica,
Hesse, el noble.

El lobo estepario feroz e insistente
seguía trotando entre estepas blancuzcas
y grises matices.
Entonces llegó la luz pusilánime de la noche fría,
cubriendo mi espíritu anormal, lobuno.
Y en medio de mi refugio,
donde no yacía calor de hogar,
ni lágrimas de niño, ni risas de adolescente,
no sentí una mano tibia
de mujer alguna
que despertara mi instinto pertinaz y ardiente.

Yo, el lobo estepario, volvía con mi rabo canoso
al unidimensional reino, fastidioso y hermoso.
Y a pesar de mi guarida,
de mi fuerte, de mi atalaya,
de mi espacio seguro y sosegado,
solo la muerte encontrara mi refugio.

Todos, como lobos esteparios,
llevamos por dentro el instinto felino.
Nos embarga el inmenso deseo de soñar,
la febril pasión de amar,
llevando un lobo salvaje e irreflexivo
ante la impávida mirada del destino.
Pero también aflora
la mano generosa y solidaria
que ennoblece el espíritu Antropoceno y
llena de bondad los abedules.

Arrastramos pecados y secretos,
sueños mutilados y esperanzas,
dolor en el alma y en el cuerpo
y una maleta extraña,

repleta de maldades y amoríos,
oculta en la piel mutante de la vida.

Solo Hesse sabe la angustia terrible
del lobo estepario,
del solitario, afugias, ráfagas frías,
en siberianos lares
donde fraternos vendavales descubran la ternura,
aunque esta sea gélida,
la mente la calienta,
en solidaria marcha hacia la conciencia humana.
Nostalgias, heridas, miserias en progreso,
somos hombres fieros, sentía Harry Haller.
Hoy todos llevamos un lobo estepario,
oculto, encerrado en un cuerpo cierto,
perforado por balas y rasguños
que la humana necesidad retoma;
hordas, multitudes,
banal paroxismo.

A veces Rorty

A veces me siento perdido en este marasmo de cosas inciertas,
de gritos e insolencias,
de vejámenes y atrocidades.
Yo, el insulso, el subterráneo, el miedoso,
el insignificante, yo me convertí en un Miguel Ángel,
un Leonardo Da Vinci, un Raffaello Sanzio, un Fernando Botero,
perfeccionando lo que otros poseídos de inspiración esculpieron,
pero sin dejar su esencia perdida en las profundidades.

Quisiera romper la incomprensión
y sembrar en la conciencia astromelias coloridas,
bloquearé ideas perversas y violentas,
y una flor de loto con su aroma hipnótico
que recoja el sufrimiento de la condición humana.

Y entonces apareció Rorty, "el irónico",
un pragmático filósofo del diálogo, del concepto;
y retomó la bandera, democracia,
y otros se levantaron en contra, delirantes.
Me propuse rescatar el eco de Rorty, a mi manera,
para devolver su aliento ido, cual paloma lanzada al aire,
alimenté sus sueños, su opinión, al decir de Bernstein,
para reconstruirlo; y revoloteó sus alas,
sin desplumar su angustia.
Rorty, el solidario, el profundo, el heterodoxo,
Tú piensas:
la materia satisface, felicidad presume
¿No es lo trascendental humano, cuando la historia lo asume?
Si quieres, como dices, justicia y solidaridad
o dialogar, concertar y abolir la ansiedad cartesiana,
para que la democracia funcione y la libertad domine
con una orquídea silvestre convences nutrido,
en tu visión das a la palabra la sabia pertinencia de lo profundo,
para esculpir una vez más, sobre la civilización "solidaridad".
Muy bien, poeta de filosofía anacrónica que llamas poesía,
más allá de la razón y la verdad

has olvidado la historia,
adolorida, magnificada o heroica,
la historia, siempre repetida,
la contada por gloriosos
y los subyugados nerviosos que también historias cuentan
desde la pálida humillación de la derrota.

Para el espíritu, Richard, la solidaridad también existe,
colores floridos de manteles tendidos,
de copas y charlas, de risas y llanto.
Frente a la crueldad y la injusticia,
no hay razón que justifique, el numen reclama
solidaridad, bondad, compasión, piedad.

Pero en un plano subyacente el pragmatismo declina.
Y cuestionar verdad, la compasión diluye.
Me diste la espada de Damocles, tu pragmatismo.
Resucitas solidaridad con la semejanza de mi hermano,
nos llevas a la libertad con la razón comunicativa
a la creación de los sueños del ser universal,
al encuentro del otro.
Qué ironía, qué ironía nosotros, nosotros,
los contradictorios seres humanos.

Raramente un pensador argumenta sobre la solidaridad, y es allí desde donde pretendo rescatar al hombre, para valorar su esfuerzo, para validar su intención de darle a la comedia humana un renglón que alivie la crueldad del hombre, la humillación y el desconocimiento del otro, al acercarse a él para comprenderlo. Rorty, la cultura a través de la evolución y la entropía nos va puliendo el gen que llevamos dentro desde que nos uníamos para cazar, cultivar alimentos o cuidarnos; el otro importa, predices, y la democracia liberal la escudas. ¿Pero puede la solidaridad sustituir a la verdad, a la ciencia o a la razón?

Un mundo anacrónico,
en donde abismos y principios,
e inclusive ciencia y razón
son meros espectadores
en una retórica relativista, aunque no lo reconozcas.
Los fundamentos nos unen,
la seguridad, convivencia recrea.

No hay libertad sin principios
ni democracias ambiguas, quizás contradictorias,
Sí hay naturaleza humana
un gen prodigioso que captura
la evolutiva razón, el misterioso sentido de sobrevivir
lo transfiere, lo disipa, lo trasciende, en el homo sapiens.
Subordinar la democracia a una solidaridad por conveniencia
convoca a una extinción masiva de la dignidad humana
y posiblemente de la especie misma.

Ensombrecido Rorthy, contrarias la ciencia,
reconoces a la filosofía como un género literario,
porque empatas contemplación y conocimiento,
en un tránsito poético a la filosofía,
etnocentrista quizás que tú mismo afirmas.
Revitaliza el estado para darle un papel
que el capitalismo no quiere.
Desdice verdad absoluta,
eliminando la trascendencia del ser.
Dejar a un lado el conocimiento falaz
por democracia, pragmatismo,
por verdad nada absoluta,
lo permanente, principios,
destrucción sin beneficios.
Estado, estás diciendo,
que el Estado satisfacción material entrega.
Y si así fuera, nunca responde al pensamiento divino.
Metafísica que oscureces, sin fe como puedes,
tomar el vino del triunfo,
las respuestas desvanecen tu gran y válido humanismo,
que enluta la fe, mientras pregonas
solidaridad y convivencia, no sabéis que la fe
da base a la confianza y lo que tú predicas
es convivencia, elusión de la crueldad,
algunas como fin de la democracia, la justicia y libertad.
No puedes castigar la bondad en el albor de la iluminación
y la generosa sorpresa de la dinámica evolución.

El poeta

Cabizbajo, taciturno, temeroso
el poeta se adentra en los mundos circunspectos
y expresa sensaciones y emociones
que reposan invisibles en otros mundos.
El poeta,
con belleza armoniosa,
seduce la noche para despertar la mañana.
Al poeta Hesse en tanto
sobrevaloró con encanto,
en la punta visible de su pluma preciosa.
Un poeta, fantasía repleta de alegrías,
de insondables vorágines,
de la pericia visible de las cosas.
El poeta descubre, empalma, piensa,
convulsiona, esgrime,
entierra la ignominia,
resalta la mesura,
al amor y sus iras fantasmagóricas,
la fraternidad y la belleza.
Captura el sonido de las cosas y le da un eco
al grito que declina en la mirada lúgubre del hombre,
condenado y proscrito para siempre
a llevar el rostro adusto de la pobre condición humana.
Es un cantor que interpreta las musas de los vientos,
sin constreñir sus voces ahogadas
entre música de dulzainas y guitarras,
de pianos y violines
de tambores y de voces.
El poeta, fantasma fantasioso,
frenético, fonético, profundo
que levanta huracanes en el alma,
silente, persiguiendo fugaces perfumadas.
El poeta, contertulio de abrumadoras veladas,
despierta risas y guirnaldas,
tristezas y lágrimas,

líricas batallas interiores,
alegres caminos y misterios.
El poeta es la voz incauta que engalana
las miradas fugitivas de la existencia misma,
para interpretar el pensamiento humano,
el ruiseñor encantado
de encantadoras musas,
el diapiro humano,
ahogador de anodinos caudillos.
Oh poeta dado de esperanza y belleza
ingrávido espíritu del sub-fondo
anacrónico, bucólico
hipérbole, prístina lid
multitud de movimientos
en luminosos cielos,
que cubres de estrellas la sideral bóveda que contemplas,
levantas turbulencias, mareas y ciclones.
El poeta surge entre destellos y
miserias
entre cementerios y primaveras
entre flores y glamores,
para recoger palabras y
armar constelaciones
con turbulencias, centauros y centellas
miradas profundas, zafiros, esmeraldas
rubíes y volcanes.
El poeta recrea la vida
donde la tristeza impera
adorna con palabras
clarines y trompetas.
Enmudece fugaces inclemencias
restaura muchedumbres.
El poeta descifra la paradoja de la vida,
captura sonidos, fantasías, desdichas
alegrías, memorias y paisajes
los recrea de versos y praderas
de sonetos extraños que diluyen
al cósmico mundo de la nada,
para ser rescatado de galaxias,

o luminosas estrellas, por
clarividentes seres
que sacuden el universo mismo de la vida.
Muchos, latentes y ahogados
en el duro trajín de la contienda,
para llevar trigo y sueños
a los hijos que llegan al futuro.
Poeta son todos los vivientes
que llevan un corazón en cada sueño
repleto de vida y de canciones.

La condición humana

La condición humana, esa pluralidad
que implica memorias escondidas
que resisten la extraña hazaña
al mirar una mujer andrajosa, escuálida
o a un niño vestido de miseria
o al hombre cargado de oro,
collar brazalete todo.
La condición humana relativa habla
de una sociedad englobada
en sus propias miserias interiores
porque vivir, necesidad apremia.
Biomas, ecosistemas, territorio
el hombre que con su yo y circunstancias
en una sostenible armonía territorial amaina,
para dar historia a la materia
y esperanza al corazón sensible.

Sensible sentir
la conmovedora mirada
a la necesidad y abyección humana,
y más conmovedor aun mirar adentro
sin soslayar la nostalgia de los tiempos
la angustia, afugias de conciencia
fatales, irónicas y encriptadas
en la milenaria evolución depositada
del devenir y la existencia misma.

En la existencia misma
el desamparo implica
dolorosas miradas de tristeza
que no descifran
la profundidad del corazón humano.
Se exige un sentido fraterno de la vida
una suerte de bondad consciente.

Consciente, pensadores referidos
como Josep María Esquirol
filósofo de lo humano más humano,
nacemos a la intemperie, nos dice,
buscando el sentido inicial
en el encuentro aquel
del compartir divino,
para dar respuesta a la afectación
frente al dolor, al sentir
condición del devenir humano.
Mientras Arent
quien completó el poder de la promesa
para enfrentar la imprevisibilidad del mañana
con el perdón sublime
en la irreversibilidad pretérita.
Todos explican con sofisticadas luces
la profundidad escueta
de la condición humana
desgarrada narrativa, algunas falacias
repleta de fatalidad histórica en la misma obra
del Malraux convicto.
Con furia grito al desolado mundo
al sideral espacio
en qué recóndito planeta existe
armonía, sin condición alguna
pletórica, viviente y solidaria
sin la arrogancia de un mísero convicto.

Convictos somos sin
resistencia interna
que trascienda trasversalmente
la cúpula de la dignidad humana
un resonar de la razón, acción de la palabra.

La palabra existe
así sea pronunciada al viento.
Ella existe para cubrir de mucho
o de nada, al pensar del exegeta
he insatisfecho Kierkegaard,
la misma humanidad terráquea.

Palabra condición humana
todo lo que limita o enaltece
en la totalidad de la experiencia humana
condiciona la historia, individual y colectiva
en asombrosos imaginarios catalíticos
frente al amparo de vidas y vivencias
de sosiego y solidaridad escueta,
grandiosa y convocada.

Convoquemos con voces estentóreas
en perifoneo a miles de veredas, para
harapientos, desolados, miserables,
indigentes de alma y de espíritu,
mendigos y rufianes, también
usureros, reclutas, generales,
comandos proclives y violentos,
convenientes profetas apocalípticos
de temores y miedos infundados,
con desprecio y odios en sus cuentos,
serviles, pacifistas, estudiosos
hijos de la concordia o la discordia,
decadentes maestros de la plusvalía insulsa,
capellanes, empresarios y poetas,
mentirosos, cuenteros y arrogantes,
vendedores de mantas y sudarios,
de ataúdes y misiles.
Convoquemos más y más
los que tienen derechos y no los tienen,
los que tienen deberes y lo ignoran,
las víctimas y sus victimarios,
los holgazanes y poseedores de verdades inconclusas,
los políticos y los buenos,
los humildes, los sabios y los forasteros,
diversa, convergente y divergente,
a la población de economía deflactada.

Deflactada o no
a ellos la condición humana alberga en vida
a ellos fabricados con agua, luz y minerales.
Es la vida, la existencia misma

quien condiciona el accionar perenne
de nuestra masa muscular escueta
que el mismo humano condiciona.

Condición que miro y me inclino,
para comprender primero, la vasta concepción
que no reforma
la difícil condición humana.

La condición humana es un prodigio,
sí feliz de bienestar se viste,
pero deshonrosa, mísera y sufriente,
sí afecta a la pobre dignidad humana
alienada, fanática y estoica
que se impulsa en el Antropoceno
para abrigar en armonía
la gran solidaridad humana.

De la justicia la causa

Imponente la figura que de la justicia brilla.
Sin embargo, lapidarla ya buscan, apóstrofo en la mira
porque ya quiere la banalidad insulsa
destronar su esplendor de dama.
Aterra
asociada a la justicia y a la igualdad luchada
de la diosa griega Temis, de la orden preservada
de la naturaleza inmensa, hoy tan atribulada.
Alegoría encantada
urge servir sin ver, porque
hacer el bien sin mirar a quien
también justicia querer.
No importa si el poder político sustente
sí gran empresario es, si un gran señor de farándula
o un pobre miserable sin nada que comer
con su espada implacable, justicia ejecuta muda
con hechos, la balanza llena, con juicio la proclama.
Imparcial siempre es
sí quitar su venda hacéis, claro es
mirar a quien bien hacer, para dádivas contar
o quien poder ostentar para su bien inclinar.
Un atropello quitar a la justicia la venda
que asegura sentencia fina
y transparencia divina.

Paradoja

La vida misma es una paradoja
cadáveres ambulantes somos
el Papini narrador lo ha esculpido en letras
no hay juicio universal que lo detenga.
Desde que nace el ser ya va muriendo
lento el joven, pronto el longevo.
El viejo, una acumulación de tiempos
preciados momentos
que el holgazán derrocha y el viejo valora.

El mundo paradójico se desliza
entre copas y botellas
entre piernas y espasmos
cubriendo el camino de existencias
de ricos repletos de vidas miserables
y pobres derrochando felices la abundancia.

Arando el viento
recostados en la hamaca
galopando en llanuras
o persiguiendo parejas
en ruidosos eventos, fiestas y madrigueras.
Mientras tanto
la vida sacudida en una paradoja
entre oscuras tormentas luminarias
de truenos y lluvias agresivas
esperanzas triviales
de perennes multitudes tribales
bulliciosas, violentas
acallando gargantas
ahogando sueños
engreídos de dioses inmortales
de brillantes mentiras
y exorbitantes miserias.
Qué paradoja vivir para no ser
Shakespeare entre el ser y no ser
Iluminado poeta de tragedias y encantos.

Entonces buscando paradojas.
Yo bajo la mirada a las hojas
que sobre el suelo de hojarascas
mis pisadas rompen
entre miles y miles de caminos.
Y pienso en lo que somos:
polvo cósmico al filo de una eternidad
o sea, nada y mucho
seres de nada mirando el firmamento
recreándonos de la inmensidad
encantados, asombrados, universales
buscando redención
para encontrar las luces que conectan
el alma y el cuerpo con el cosmos.

Al maestro, la palabra

Pávido poeta de barba ulianova
vanguardista de palabras raras
tremebundo de viajes y regresos
hijo de pánidas insurrectos.
Delirante cantor de Sergio Stepansky
de mutiladas formas y asombrosas sombras
balada sinfonía, allegro y presto, arpegia.

En ilusorias canciones, ya satíricas
ya delirantes, extravagantes o exóticas
incomprensibles ideas arrogantes
arropadas, rebeldes, presagiando orogénesis
de espíritu aciago, dilapidador metafísico
poeta de vocación, anglo paisa
taciturno, lucífugo, solitario, alter ego poeta
Leo, el estrafalario, Leo Legris, el fabuloso
brillante, vocifero, indomable, sortílego.
Ni siquiera la quinta sinfonía de Schubert supera
tu andar lento aflorando palabras disonantes o sensatas
y aunque no te complace el elogio, ni los aplausos febriles
permite que un pelafustán, de noble ancestro, te lance
un hito quizás socarrón, porque reconocer tu mereces
dada tu letra profunda y gran destreza simbólica.
En el mundo iluminado, entras al salón de la fama
de americanos ilustres; por decirte ruborizo
allí están Borges, Neruda, Whitman y Rubén Darío.

Ausencia

Ausencia mía, eterna paranoia
cubierta de recuerdos
subvertida de encantos, de imágenes
imágenes traslúcidas, delirantes
mi ausencia, tu ausencia.

Se fueron los que andaban
mimaban con ternura nuestro viaje
eran sombras de mi sombra.
Se fueron para siempre
se llevaron, abrazos, besos y caricias.

Se fueron y dejaron
recuerdos, tristezas y alegrías
olores, miradas y sonidos
amores, amantes y fluidos
experiencias, vivencias y canciones.

Ausencia herida, meditada
te llevaste, ausencia, mi poema ahogado
la mirada vaga, subyacente y pétrea.

Se fueron también muchos amigos
cruzaron la morada y se fragmentaron
en ausencia, misterios y tristezas.

¡Oh ausencia que pierde mi sentir!
ausencia errante, punzante en sortilegio
avezada muchedumbre.

Ausencia remota, ausencia mía,
te llevas las fiestas y los globos
las princesas, los retoños, los amigos
y dejas en mi mente los recuerdos
y un cúmulo de olvidos desterrados.

Quisiera precisar tu figura
devolverte, ausencia mía,
los rostros, las risas, las canciones
que otrora recogían con sonidos
las fibras vibrantes de mi oído.

Imágenes locuaces, divertidas,
nostalgias también,
imágenes disueltas en el aire
que nos juegan tremendas melodías
en el recóndito misterio de la nada.

Descubrir cosmos en las minúsculas
partículas de los virus
declamar a Sergio Stepansky
conocer el buque de los enamorados
destronar mitos
corregir desvíos
descartar amigos
levantar riquezas
albergar corazones
construir asombros
humillar engaño.

CAPÍTULO 5
RECAVANDO LA EXISTENCIA

"'Sálvese quien pueda' gritaba el Capitán.
De haber mirado
de haber vuelto los ojos
como Eurídice
ya no podría saltar
pertenecería al pasado".

Cristina Peri Rossi, *"Sálvese quien pueda"*

Perdida existencia alucinada

Le pregunté a la vida por la muerte
ella respondió no existe
le pregunté a la muerte por la vida
muda, callada.
Entonces la entropía seguía dispersándose
florece vida suave, olores y fragancias
lavanda y laurel, gardenias y rosas
disposiciones moleculares que inspiran los sentidos.
Y la muerte espera cuando la anosmia crece
vida aún con la fantasía recreada con alucinógenos
agrietando el alma.
La falacia engañosa del placer
cuando sucumbir en las confusas profundidades del ser
ya no importa.

Caminante universal

Somos una fuerza agitada y caótica
repleta de músculos, de agua y partículas
de rocas ígneas vomitadas por volcanes.

Somos tristes, furiosos y valientes
conformados por lágrimas, sudores y salobres
minerales y sueños.

Caminamos por senderos cósmicos
abatiendo el tiempo y la distancia.
Inhalamos oxígeno, azufre y plomo
en ciudades camufladas por fieras y cadenas
en marchas fatídicas, funestas y escabrosas
vestidas de vanidad y de soberbia.

Venimos de complejas ecuaciones
misteriosas y románticas
adornadas de sospechas, luces, claveles y tiempos.

Somos todo y no somos nada
somos fuerza, agitación, banalidad y sueños.
seremos misterio y devenir intergaláctico
rodeados de soldados venciendo la decidía y
cosechando eternidades.

Somos hechos de tempestades, pasión y besos
de lúgubres y taciturnas noches
agobiada por nostálgicas vivencias
increíbles y fulgurantes soles
nacientes y deslumbrantes mañanas, amor y vida.

Somos trotamundos de miseria y llanto
De clamores y enmudecidos cantos,
fraternos y solidarios, también
oscos y criminales
somos polvo que pisa el caminante
que será también polvo.

Chepita

La tía Carlina
miraba y miraba
y Chepita fumaba
fumaba y fumaba
cigarro barato
ni filtro tenía
muy arrugadita
chiquita y blanqueada.
Por años, lustros y décadas
servía;
Chepita, la criada,
con un moño atrás,
su cabello de plata amarraba
cuidaba a la tía
que altiva arrastraba un siglo de vida.
Carlina la tía de mi padre,
lenta se movía
la sala cruzaba
paso a paso seguía.
Carlina miraba
con párpados pesados, ojos entreabiertos
la estufa con hollín y vapores de agua
la cocina llenaba
en una dimensión que de hogar llamaba.

Era la casona
muy grande y antigua
ahora vacía, solo dos la habitaban.
Parecía un museo repleto de vainas
floreros en mesas y sillas torneadas
viejos muebles y cuadros
un árbol genealógico repleto de nombres
y un escudo medieval en la pared colgaba
de una sala blasonada de misterios y duendes.

En una esquina de la cocina ordenada
una puerta
la cual accedía al solar de la casona
llena de hojarascas
guayabos y helechos, moras y ciruelos
todos frondosos;
rastro de jardines, cajones y leña
cubrían el fondo del solar cerrado por muros y cercas.

En la puerta de la sala frente a la cocina
Carlina miraba a Chepita, la criada,
batir con bolillo chocolate espumoso
hornear las arepas con queso casero
enjuta chiquita vivaz y atrevida
activa y locuaz Chepita servía.
Carlina inclinaba la cara hacia atrás
con sus parpados caídos, cerrados a medias
miraba no sé, quizás ni veía,
la tía Carlina, su piel ya pegada
a los huesos forraba.
Los años cerraban
la luz de sus ojos
y la tía Carlina
observando seguía a
Chepita con bandeja de losa cargada
chocolate caliente, arepa bien asada
guiso y pan horneado, servía Chepita.
La tía Carlina ya sentada en la silla del viejo comedor
aguardaba en silencio
tratando de ver, medio abiertos los ojos,
muy verdes y claros
la merienda servida.
Sus manos manchadas
por huellas de años
manos arrugadas tomaban la arepa
y ella merienda comía.
Un día la tía Carlina
incapaz con sus parpados
por siempre sus ojos cerraron;
sus pasos pequeños,

sus pasos muy lentos
ya no se arrastraban
y Chepita longeva
chiquita y canosa seguía fumando
mirando la leña del fogón ardiendo
su mirada era lúgubre
sus ojos lagrimosos sin luz parpadeaban
Chepita ya no estaba vivaz y atrevida.
Sus ojos llorosos
la vida apagaba
su piel senescente
de ríos y valles
su huella lucía
en la piel que era blanca
necrosis mostraba.

La tía Carlina
su tierna figura
mi mente no olvida;
vivía en el pueblo
una casona grande,
de bareque y ventanas abiertas
barrotes de pino mostraban
los cuartos cubiertos de olvido y memoria
repleta de imágenes la vieja casona
fungía en suspenso
en un tiempo remoto.

Un nazareno vestido de rojo
con corona de leña y rayos de cobre
miraba la alcoba desde una esquina;
la alcoba con ventanas grandes
de roble y de pino
en la casona grande
albergaba el origen
de la familia ida
de sueños dorados
y gritos de niños
la casona grande muy cerca del parque
lucía vacía y olía a memoria.

La madre

Me acerqué a la madre con dolor profundo
negué que fuese sin vida su figura yerta.
Entonces me dije
se fue mi madre, cayó mi lágrima
sobre su mano tierna y pálida
se llevó su mirada viva
su calor humano;
su esplendor detuvo.
Cerré los ojos y la encontré en mi mente,
serena, buena con su imagen bella
reía entonces, jovial y fresca.
De caminar selecto
era simple, refinada y tierna.
Me llenó de letras y asombrosos cuentos
entendió mis sueños, me mostró el camino
me dejó mi madre con dolor perenne.

De mis compañeros de colegio

Muchos se han perdido
en el bullicio de las cosas vanas.
Otros infantiles aún se esconden
entre lluvias de gritos y miserias.

Cuánto tiempo separa nuestras vidas
una inmensidad de vivencias
una constelación de sueños
que amansan las duras circunstancias de la vida.

Recuerdos insondables y perennes
en medio de gozos y tristezas
de compañeros idos, sin regreso
con un montón de risas y diabluras.

Se pierden en el tiempo las palabras
las ideas de gloria y de apoteósicos triunfos;
los amigos lloran sus partidas, porque ensillaron
y en un inmenso pesar se van sumidos.

Dónde están las fiestas y las novias
los chismes de la noche, la alborada
los profesores hirsutos y los sabios
y los brillantes, hoy cabizbajos compañeros.

Dónde amigos, balones y pelotas
estropeadas en tejados y balcones
o entre pendencieras refriegas y alegrías,
estrujo y perdidas miradas burleteras.

Dónde queda la vida murmurada
en un poco de imágenes y sonidos
en un poco de nada sin concierto
en un puñado de oscuras cenizas olvidadas.

En mi mente voces juveniles y sensibles
entusiastas y profundos discernimientos
discurrían lúcidos, serenos y
se cubrían por momentos con chispas de alegría.

Al mirarlos, reflejan ya cansancio
y un sinnúmero de huellas en sus pieles
dolor, angustia en el ocaso, arcano insondable
mientras la agonía de mis pasos desvanece.

La nostalgia de los años mozos
se diluye entre sombras y destellos
para dejar que los vástagos continúen
el ciclo abrumado de la nada.

La fiesta

Una extraña sensación
jolgorio insurrecto de alegrías y voces
de música y canciones
de sonatas y alegorías profundas
que rebosan el espíritu
más allá del frenesí
mucho antes de la penumbra y el ocaso.
Espirituosas bebidas
estruendosa música
con letras vulgares
otrora tiernas y románticas
olorosas fragancias
de lociones y perfumes
sin misterio, sin llanto.

Pasadas las horas, entre sudorosos hedores
todos reían con mezclas de luces
de necias miradas, lujuriosas
insulsas, frenéticas y locas
algarabía, saltos, danzas y estruendos.
La fiesta ahoga el espíritu humano
que la penumbra abruma
colectiviza deseos
rompe barreras
para volverse un grito de especie
que despierta sentimientos.

En fulgor excesivo
alegría excitante
desborda en histeria
para exorcizar las angustias
que la naturaleza oculta
olvidando razones
solemnizando vivencias
como expresiones mundanas
de miserias desnudas.

La fiesta seduce, embriaga
derrumba.
Sin embargo, termina.
Multitud disuelta
con antifaz, amarga
solo era una escena primitiva
que la mente aviva
musical, emotiva, planetaria
de la gran singularidad humana.

Evolución del pensamiento humano

De qué lado debo estar para reclamar mi razón
nadie es bueno tan bueno
que de malo nada sabe
y nadie malo tan malo
que algo bueno no tenga.
Decidme de qué lado queréis que yo luzca
y entonces diré con fuerza
la razón yo la tengo
pero si de entender
sin presumir, comprender
yo pienso comunicar, yo debo
y entender sin sonrojar, insistir
de tal manera, concilio
y conciliando comprendo
que concertar es el tema;
la ventaja sobre el otro
sí interés gobierna
la confianza dilapida
mentes y luces puertas cierran.
Entonces el resentimiento aflora
la razón se esconde, huye
dando paso a la mentira;
y en un mundo de mentiras
en lugar de sereno diálogo
la polémica suscita
los sentimientos despiertan
sucumbiendo la razón
dejando la conciliación
sin la voz de comprensión
sin la acción de la razón
es de sabios entender, comprender o disuadir
y de iluminados el buen juicio estimar
la bondad y la razón.

Nostalgia errabunda

Errabunda vas llegando entre las tibias tardes y el crepúsculo
atiza sigilosa en la ventana de la vida
llega vestida de presente
para contar historias perdidas en el viento
la nostalgia llega rescatando lo inmutable
escora mi alma para llenarme de tristeza insondable.

La nostalgia llega al atardecer de la vida
husmeando un ocaso de vida inconclusa
llega a medida que la vida pasa y
como un enorme mastodonte al pisar
deja huellas ahogadas por el peso acumulado
de sueños truncos y fallidas esperanzas.

El ocaso de la vida posiciona la nostalgia
en cada esquina de la existencia humana;
nostalgia de hortensias, orquídeas y claveles
que estremecen momentos ya vividos
y seducen lágrimas, lamentos y musicales canciones
que erizan pentagramas y lloran caudalosas tormentas.

La tristeza no llega en la mañana, llega tarde
para llorar en las entrañas de nuestra conciencia.
La nostalgia retiene recuerdos
produce lánguidos sentimientos
que desafían el presente, lo angustian
resucita en los escombros de nuestra propia vivencia.

La nostalgia ahoga en vino el llanto
para resurgir en otra noche de espasmos y tristezas
algún día morirá para que otros la resuciten.
La nostalgia llena de momentos íntimos y de dichas
las añoranzas, los recuerdos, las huellas heridas por la sombra
para valorarse etéreas en el cosmos, pero
jamás las rescatará la vida; cuando la muerte
el sentimiento abrume y la historia sucumba
en el recuerdo de la nostalgia ya perdida.

CAPÍTULO 6
LAS PASIONES QUE ENCIENDEN AMORÍOS

> "Mi corazón no puede más de triste:
> con el flotante espectro de un ahogado
> vuela en la sangre y se hunde sin apoyo"
>
> Miguel Hernández, "*13*"

La música eterna

Ondas de vibraciones invisibles
de sonidos fugaces y misterios
descifrando las almas insondables
que al silencio catapulta.
Llenas el corazón y los salones
de alegres, tristes y sublimes sentimientos
melodías profundas que hablan
idiomas de alma y corazón desconocido
que susurran al oído con extrañas y mágicas partituras
en atardeceres apagados o deslumbrantes alboradas.
Música de alas ondeantes y suaves
perfumadas, incorpóreas
que penetran endurecidos corazones
y mueven indómitas fibras en el alma.
Desarmas odios
calmas miserias
enarbolas luchas
iluminas amores
despiertas tiernas ilusiones
enalteces nobles amistades.
Música intuitiva, cariñosa
música amiga
que despiertas pasiones y tristezas:
    "remembranza de prósperas vivencias
    dolores y alegrías en lontananza
    clamor de paroxismos indescriptibles
    retorno de almas y canciones
    sentimientos banales o profundos"
adornados con sonidos
agudos y graves combinados
en suaves y fuertes melodías
o en voces con vibratos asombrosos.

Mutismo despertado por violines y trombones
clarinetes, trompetas y platillos estridentes

armónicas, arpas y flautas de sonidos lejanos y profundos
inspirada musa prodigiosa
que, tocando el piano,
fluye sonatas fantasiosas
o el de una guitarra, un tiple o el silbido
de un bohemio empapado en vino
reviviendo memorias, sueños y deseos
de innovados pentagramas y solfeos.

Irreversibles huellas de mundanas risas
música que alienta danzas y sensibles añoranzas
llenas de ruiseñores y profundos sentimientos.
Mi alma cabizbaja y pensativa
cobija de tibias mantas
los escombros existentes
y la embriagante vida de esperanzas,
música amiga, apareces de nuevo
hablo desde mi mudo corazón herido
meditabundo
al escuchar una sonata embravecida
o el clamor de un bambuco pueblerino
o la misma inspiración de un tango.
Música con lágrimas que inundan
mi morada llorosa y desgarrada
llora dolor
llora también en mi juventud recuperada
la dulce alegría de mi existir.
Llenas de sonoras melodías en
la voz de cuerdas y violines
música bella, entrañable
música de versos y cristales luminosos
desplegando sonidos de vigorosas palabras
y cadenciosas doncellas en movimientos retóricos, lujuriosos
aleatorios, sutiles y románticas
como un Romeo, Efraín u otro.
Alas al viento.

Los Andes enigmáticos

Levantamientos súbitos, ciclópeos de montañas y volcanes
esculpieron con ráfagas de tormentosos vientos
tus escarpadas montañas y cañadas.
Cordilleras que riegan las naciones
majestuosas formaciones geológicas
arrojadas desde las profundidades marinas
para levantarse frenética
construyendo continente.
Coloreadas por verdes matices
ríos, lagunas de ensueño
y míticos sonidos entre murmullos, susurros
aullidos y vientos.
A veces callas
enmudecidos silencios, y otras gritas
histriónicos sonidos que despiertan el alba
entre frondosos, robustos y longevos árboles
con secretos envueltos entre secretos matorrales
de ávidas miserias por intervención antrópica
destrozando misterios irresueltos de
selvas encorvadas en medio de tambores.
Estupor y furia
con sierras de codicia delirante
rompen el silencio mismo
de ignotos valles líricos
llenos de romeros y alisos
epifitas crecen en generosos hospederos
orquídeas y bromelias
recrean paisajes forestales
exuberantes, naturales
con aromas perfuman ecosistemas y canciones
escarpadas lomas y pasiones.
Miles de especies su despertar aflora
para cubrir de vida los caminos
entre montañas, coloridas, frías,
palmas de cera, guayacanes, cedros

orquídeas, alisos y carboneros.
Los Andes inmensos, biodiversos
que cubres con tu manto verde
relieves, colinas, sierras fantásticas y bosques
cabañas, humedales y ancestrales ruinas
nutres de agua y sonido de cristales
luces y también neblinas
para caer en piedemonte ubérrimo
alentando la ahogada esperanza humana.

Incógnita

¿Qué voy a hacer hoy sin ti
dulce esperanza
clamor absorto
sibilina maga
refulgente sueño prometido
vívida realidad que quema mi amargura?
Somos un tiempo, todo el tiempo
una edad atrapada en mil ensueños
la soledad de cuerpos y presencias
somos el aliento de un deseo
que explotó en desconocidas constelaciones
y se volvió eterno.
Una nueva epistemología es pedida
que espante y desligue entelequias obtusas
y se alumbre un horizonte luminoso
repleto de generosa fraternidad humana
de novena sinfonía beethoveniana
en secuencias de pentagramas alucinantes
y profundos.

Claro de luna

La luna platea su luz reflectiva
sobre la penumbra de la noche aciaga
y entonces mi alma susurra.
Las notas suaves se mueven
en pentagramas sensibles
sobre la sombra de mi noche
arrojada amargura
notas pausadas
notas coloridas.

Noche larga como mi divagar ignoto
noche profunda de luna llena
calienta mi alma con el espíritu sutil de tu mirada
que mis penas y angustias
se ahoguen sin lamento
que mis frustraciones se evaporen
que los sonidos del alma se apaguen
para que el silencio reconstruya
mi ensombrecido corazón
absorto, latente, abstruso.

Constelaciones, novas y galaxias
siguen expandiéndose en el espacio y el tiempo
con asombrosa e inconmensurable vitalidad latente
no logran aún calmar mi corazón herido
no logran ahogar mi mente errabunda
solo dilatan distancia, mundo y tiempo.
Vísteme con tu luz claro de luna
que ya colma mi corazón doliente
que ya las palabras no tienen voz
ni lamento, ni vida
ahogadas palabras que el silencio consume
destello sibilino en medio de sombras
galopando entre cuentos encantados
de mis elucubraciones subyugadas.

Un beso

Bésame mujer tierna en secreto
con tus labios rosados, abultados
y volcanes que salen de tu pecho
cubre mi cuerpo adolorido a veces
con tu larga y suave cabellera.
No digas nada
ya todo se ha dicho en tu mirada
la voz se apaga en tu lenguaje
cual gota de rocío al caer a tierra seca.
Calla mujer bella y hermosa
que quiero construir una familia
cual Romeo seductor te abrazo
mientras siembro hijos en tu vientre
y con la calidez de un beso
yo te increpo:
juntos construyamos ayuntados
un sitio de encuentro, refugio generoso
donde quepan todos nuestros sueños
nuestra prole inquieta de existencia
y la inmensa familia de la tierra
solidaria fraterna y compasiva.

La desolación

Ese sentimiento triste que emana, turbado ser,
lástima las fibras más profundas del corazón herido
aflora al ver la desesperación humana o el dolor que causa
perder dignidad, sueños o caminos
o la dulce tristeza de un niño entendiendo poco de razones
solo temores y temblores.
Sibilina canción de la ignominia
que llena de lágrimas y ardor
las heridas de la familia humana.
Percibir sufrimientos y paliar
redimir nuestra fútil existencia
en el adolorido corazón del otro.
Compasión delirante y ardorosa
quisiera volar en un crepúsculo alado
para liberar tristezas y dolores
esquilmadas entre silentes figuras
de ojos desolados y ahogados.
En esferas políticas pérfidas, elevada la compasión se disuelve
ante conmovedores predicamentos
entre panoramas lacónicos de hilos imprescriptibles.
La desolación se ahoga en los llantos
de errabundos caminantes emigrantes
de abandonados vivientes de tinieblas
de solitarios longevos de miradas distantes
de desesperanzados jóvenes, pacientes y pacíficos.
Solo una llama en el finito mundo
de solidarios anónimos, voces escurridizas,
corazones febriles de mentes redentoras
que mil brazos levantan, para rescatar esperanzas
que desatan sueños y ahogan amarguras.
La especie humana necesita más de ellos
para batir sonrisas y devolver alegrías.

Gloria

Gloria, Gloria amiga

Siempre encuentro abiertos tus misterios, tus luces, tu ternura, tus abismos no importa madrugadas estruendosas, infernales guerras o silencios.

Siempre estás ahí, incólume, con tus brazos abiertos de esperanzas y tus brillos fulgurantes y fraternos.

Eres oasis, esperanza y vuelo, música, canciones y miradas.

En ti el corazón se vuelve dulce y la mente una fantasía.

Quizá mis manos y sueños se deshacen cuando camino sin ti por la mañana, se pierden mis misterios y caminos, cuando adusto, sin ti mirarlos hago, pero recobran vida y sosiego cuando tu rostro se forma en mis abismos y me llena de vientos y turpiales, canarios y torcazas, pero despierto cansado y cabizbajo a la dura presencia de mis cantos, al brusco movimiento de moléculas inciertas, vanidosas y mortales que manejan mis neuronas y palabras en el cósmico recuerdo que me entierra.

¡Cuánta gloria daría tu existencia!

Oh, Gloria amiga y entrañable,

a mis campos floridos y tristezas, a mis escalinatas y venturas, a mis ideas y recuerdos.

Pero asiste cruel y avasallada la insolencia del destino hecho y la amargura del pasado pétreo, para aplastar con furia mis espíritus, dejando la pesada carga de mi vida, contrista, impotente y generosa, a los duendes mefistofélicos de mis sueños, para que, arrancando mi alma de las venas, entierre constelaciones y colores en la misma miseria de mis luchas, condenada a recibir explosiones en el alma y no poder curarlas con mis manos; porque las sinfonías que salen de mi alma son lanzadas al ocaso de mi cuerpo como rocas ígneas que resurgen hirvientes para quemar y ahogar mi existencia aplastada por el tiempo y el misterio.

No entiendo el mundo,

ni por qué los sueños no se vuelven palomas en mis manos y alivian mis canciones en mi alma.

Las miradas precipitan mi nostalgia
y centellas desvanecen mis caricias y jardines
y catapultan las voces de neutrinos, átomos y moléculas insurrectas.

No quiero convertirte, mujer, Gloria,
la gloria de mi vida,
en escombros asombrosos de tus sueños.
No quiero penetrar tus laberintos
si antes mis manos se deshacen en tus sueños
derrotados por los vientos y las luces,
no quiero destronar tus paraísos
en la tormenta de mi vida insulsa.
Quiero verte, alegre, gloriosa Gloria mía,
entre impresionantes jardines y senderos
impresos por un Monet, Manet o Renoir con sus pinceles.

Si volviera a nacer, amiga mía,
las contradicciones se dispersarían en olores de montañas y lagunas.
Escalaría contigo cafetales, empinadas montañas y penachos, páramos y nevados; calentaría de rosas tu silencio y de manantiales termales tus sonrisas.
Entonces cubriría tus truenos, lágrimas y percances con destellos de esperanzas y nobles amoríos.

Si volviera a nacer, Gloria amada,
llevaría tus palabras a mis logros y construiría un buque enamorado
que navegara por mis ríos y praderas;
esculpiría en el futuro de mis sueños tu rostro de luenga cabellera
con geniales pinceles, huracanes y colores deslumbrantes
hasta convertirlas en cometas celestiales que atraviesan los tiempos y niveles
de espacios desconocidos y desiertos, con la dulce sonrisa de tus labios.

Si volviera a nacer, amada mía,
mis caminos y montañas lucirían
de colores mágicos y extraños
de danzas calidosas y fantásticas
de playas arenosas y estrelladas
donde bailaría contigo hasta la muerte.
Y después
soñaría tus recuerdos en el recóndito mundo de mis mundos
convertido en carbono, nebulosas y galaxias.

CAPÍTULO 7
UNA FUERZA NATURAL INDÓMITA

"nada ocurre
cuando las olas barren la arena
a lo sumo un madero
dos o tres perros
un cortejo de patos sin memoria
de haber nacido
¿en qué realidad se pierde la realidad?"

María Negroni *"El océano y sus voces"*

La debacle de la guerra

La deplorable guerra que arrastra indebidas pasiones
fanática espuria de la creación humana
única especie que se enfrenta a sí misma;
Homo sapiens, deleznable,
mientras otros compiten por alimentos o parejas
la confrontación de egos despierta a las masas,
colectivos viscerales de sucesos monstruosos,
solo colmada con la destrucción masiva
para satisfacer ferozmente
con bombas, tanques y cañones
sus más bajos instintos de venganza.
Crean héroes y marcan cadáveres.

La guerra, una sombra desdichada,
una falacia que comprime el aire, para ahogar el mundo
que arrastra vidas, sueños y esperanzas
destierra seres, asesinas miradas
cubre de rojo campo, valles y trigales
y llena de huérfanos, viudas y esqueletos
las ciudades y los cementerios
entre el fuego y sus cantos sombríos
que alimentan al traidor de la vida y sus secuaces
con la barbarie frontal de la ignominia.

Se ahoga la paz tan anhelada
en la esquizofrenia de la guerra insulsa
soltando destellos de luces criminales, salvajes.
Generan héroes, mentiras y miseria
que cada cual contará desde su atrio
para justificar destierros de espíritus vacíos
por cuerpos de sátrapas de olores nauseabundos.

Orogenia en los Andes

Desde el trono del espacio sideral,
Hefestos atónico,
contempla indómito.
Emergen iracundas montañas en cinturones luminosas
cuando placas tectónicas empujan las monstruosas masas
despertando por subducción la plataforma que soporta el connotado sur
prodigando en ancestrales suelos
el resurgir de un continente amado.
De las profundidades de un mar turbado, indómito
estruendosos sonidos,
orogenia,
explosión en la mar, enfurecidos volcanes,
lava infernal emerge de las submarinas rocas
y va impactando el firmamento mismo
con atronadores movimientos sísmicos
majestuoso tronar de piedras y volcanes,
de erupcionados guardadas en silencio
para el género humano en gloriosas esperanzas
y monumentales cadenas de misterios
que cabalgan en la atmosfera, para dar
un sustrato, un sueño, un devenir
en la gran turbulencia de la vida.
Despierta todo el sur del continente nuevo
en espectacular esplendor incandescente.
Brillo lúcido, desintegrado, paciente
que se explaya rojas, amarillas
sobre el manto de la superficie yerta
que solo cruje mientras el cielo perta
incandescentes formas de figuras fantasmales
de polvo, ceniza y muerte para fertilizar con vida
toda la monumental cadena.
Serpenteantes montañas ya se forman
que surgen para alcanzar el cielo
diapirismo que atraviesa, golpeando rocas suprayacentes
sin entes, ni mentes, sí estridentes.

Te veo pasmado, fantasmagórico, andino y anodino
escupidas de volcanes enfurecidos que emergen indómitos de la mar
esputando lava en ardientes colores humeantes
y sembrando un terror que jamás viviente vio,
se levanta sacudiendo continentes, mares y presagiando
la vida desde adentro.
Nazca su crujir asombra, flujos piroclásticos
magma que asoma vomitando fuego
se levanta enfurecido
hongos enormes oscureciendo el día
se hinchan vigorosos y soberbios.
Aparecen cadenas de montañas, valles y mesetas
en medio de lavas que se despliegan por las nacientes lomas
con sonidos hiperbáricos
patrimonio cósmico, nacido de la subducción y la templanza
grito de rocas amorfas enigmáticas
en un aire repleto de fragmentos
fluidos gases y cenizas
sinfonías estentóreas, secas
llenos los cielos de colores grises y aureolas coloridas
fumarolas inmensas e infernales, dantescas.
La memoria de la profundidad aflora
emerge abrupta cual columna vertebral ignota
fantásticos, imponentes, los inmensos Andes.
Explosión de música secreta
Como si despertara una fiera mítica
enorme, temblorosa
sacudiéndose como un reptil ciclópeo
hirviente, humeante, estentóreo.
Los Andes aparecen majestuosos
Nazca explosiva
los Andes, padre de volcanes, truenos
y tempestades repletas de ceniza,
hacedor de huracanes
levantándose con estupor alucinante, maremotos
sismos y conciertos cósmicos
recorriendo el sur con indómito carácter
para morir elevada masa
sobre un mar enmudecido y frío

habiendo nacido desde el sur
la más grande formación terráquea.
Sobre ella, calmada la marea, fríos suelos
mudos y angustiosos silencios
sorprendentes civilizaciones se recrean
con un sentir, para interpretar el mundo.
Incas, ingas, nazcas y atahualpas
entre muchas prodigiosas tribus
se explayan a pesar de la
telúrica actividad volcánica.
Continua, recurrente, cruel y destructiva
Para que el Homo sapiens sin piedad se explaye.

Arrecifes de coral fascinantes

De antiguos bosques marinos primigenios
barreras prodigiosas y primarias
nacen como en un sueño salobre y delirante
los mágicos arrecifes coralinos.
Belleza natural inconmensurable
nos devuelves al origen sutilmente
para no dejar olvidar
la solidaria finura del pasado.

Ecosistemas, extraños, sorprendentes
de los más diversos del planeta tierra
te hayas en los orígenes mismos de la vida.
Acuarela multicolor de sensaciones
biodiversa inmensidad que yo lamento
porque en el ocaso de este siglo ingrato
extinta será tu existencia misma o
quizás, arrecifes de coral,
mutarás a formas más precarias.
Ya no serás coloreado por la gracia
ni los alegres rayos luminosos que traspasan
las tibias costas pandas, aguas marinas
bañadas de inquietudes y destellos.

Pétreas colonias de corales
albergando milenarias especies y habitantes
de exóticos orígenes, un refugio
formado por simbiótica y lenta sintonía
entre algas y pólipos por miles.
Hipnóticos bailes de tentáculos
figuras amorfas, juego de luces y sonidos
ondeantes en lentos vaivenes, como olas,
rebosantes de vida y movimientos
ignotos acuarios pincelados
en esqueléticas y calcáreas estructuras
resplandecen
contando historias coloridas

de espinosas figuras, peces y misterios
tortugas, crustáceos y moluscos
en medio de arrecifes de coral,
complejo ecosistema silencioso, sereno
deslumbrante
los estampados jardines biodiversos
preservando amorosas las especies.
Vivaces y asombrosas criaturas
aletean, se deslizan, juguetean
recreando la vida, con colores
en fabulosos tonos increíbles
que ni el Capitán Nemo vislumbrara.

Alucinantes figuras y contrastes
amiga de manglares, aglutinas solidarias
innovadores bosques diseñados
para agradar la vida del planeta
con iluminadas pinturas sumergidas
en cálidos hábitats no profundos.
Ejércitos de pólipos cimentando
atalayas costeras glamorosas,
delirantes, leales y soberbias
para atajar las embestidas del océano
y preservar con tentáculos frenéticos
el clamor de iridiscentes imágenes
en pacíficas áreas del océano.
Misteriosos refugios coralinos
muchos dan vida y coloridos
alimentan pescadores y ciudades.

El calentamiento global inquisitivo
que impacta la normal temperatura
la acidificación oceánica
producto de grandes desbalances
y percances en mares cubiertos
de flora y fauna delirante, y también
del desborde de dióxido de carbono
en la atmósfera que todos conocemos
pero que pocos protegen y conservan.

Los ecosistemas coralinos, igual que en los páramos la Espeletia, crecen lentos, humildes, temerosos, esperando comprensión y entregando al mundo su prodigio; los unos en océanos tibios y soleados y el otro entre bruma o niebla penetrante, ambos conservando los misterios de la mágica y cósmica creación.

Dos ecosistemas que fallecen
enlutando futuras providencias
que provocarán catástrofes humanas
en medio de razones sin razones
de ingratas respuestas naturales
para comprender y valorar
la generosa misión de la existencia
de los esplendorosos arrecifes de coral.

Desilusión

Me desilusiona el hastío
la mirada perdida del mendigo en penuria
la promesa impúdica del político en elecciones
la sórdida perversión del terrorista criminal
al lanzar una bomba, asesinar esperanzas
violentar una comunidad, cercar de minas sus campos
o una escuela rural para destruir alegrías.

Me desilusionan los violentos
que arrasan plantíos e inocencias
para sembrar muertes, balas y explosiones
susurro de angustia y agonías
que provocan las guerras y cañones,
terror, hambre y ríos de rojo teñidos
devastando almas y conciencias ya tejidas.

Me desilusionan los políticos
con retóricas palabras embrujadas
para engañar la vana ilusión de los comunes
frente al rostro desfigurado de miseria,
en resilientes valles y moradas, mientras
armados de fusiles y machetes, ilusionistas demagogos
enarbolan luchas y derechos
so pretexto falso, mercaderes de la droga y la miseria,
no representan ni llamados han sido por el pueblo.

Me desilusiona comprobar
los campos añorados, ahora urbanizados
la contaminación enorme de plástico sintético
profanando biotas, ahogando ecosistemas
la contaminación de sustancias en los suelos
afectando la micro biótica fuente de sustancias anfóteras
arriesgando el equilibrio planetario.

Me desilusiona ver
los dictadores endiosados, insanos y patéticos
las miradas perdidas de los jóvenes

entre calaveras y danzas prohibidas
el clamor de un amor libertario
sin románticos festejos y cortejos
sin comprometer el amor de su pareja.

Me desilusiona la ciencia
a veces descrestarte y contradictoria
que recoge los genes y modifica
naturales expresiones de la vida
sin mirar consecuencias y equilibrios
sin conquistar los profundos misterios de los mares
flora y faunas enterradas debajo de salinas soluciones.

Me desilusiona la oz
que ciega la cosecha
sin preguntar si la tierra ha sido sobre utilizada
saciando la codicia de granjeros, grandes, medianos y pequeños
por la mísera dádiva del mercado
desconociendo el mandato natural de nutrir
y dar sustento al pensamiento humano.

Me desilusiona también, me desconcierta,
la ruina de la sociedad humana
la de aquella que se esconde tras las masas
disfrazada de corazón humano, conminando a destruir
todos los legados de la historia humana
para aplastar razones y disensos
romper lazos, desconocer memorias.

La maravillosa ondulación de la luz

Radiación que riegas de destellos
desafiando el universo inmenso,
que viajas, con mensajes seductores
a encender de vida galaxias y constelaciones;
te propagas perturbando el espacio
transportando energía como almas
en tiempos inciertos, pletórico de ensueños,
sueños y caricias
caricias de luz visibles e invisibles.
Con tu haz veloz desafías el vacío
iluminando superficies, valles y montañas
desiertos, bosques y esperanzas
la materia y la nada.
Riegas el universo de destellos
que la retina del complejo ojo colorea siempre
verde, rojo y amarillo
se llenan de colores percibidos
a diferente longitud de onda
te desplazas maravillosamente colorida
llenando la vida de misterios
con frenéticas luces juguetonas
propagada en movimientos
libres,
fenómeno ondulatorio que vibra
ignotas músicas celestiales
percibidas, no importa.
De la nada recreas lo incoloro
para advertir la emoción, el sentimiento
de fantasías coloridas y chispeantes.
Calidoscopio de frecuencias,
notas insondables, cósmicas, míticas,
te desplazas, fugaces
entre recónditas y conspicuas partículas
que el ojo vivo descifrar pretende
para descubrir la inmensidad desorbitante

la configuración fenotípica de seres vivos e
inertes materiales que evidencian la radiación cósmica.
Infrarroja luz que abraza con calor
el ciego tejido de nuestro trajinado cuerpo
destellos de luz corpuscular de difracción
fenómeno increíble, de poder intergaláctico
nubes que juegan,
cristales multicolores
ozono, escudo de vida
infrarrojo y luz ultravioleta
que mis ojos no te ven
pero tierna te siente
acariciar mis tejidos y mis sueños
con el tibio calor de tu presencia.
Luz, milagro asombroso
fenómeno inimaginable
fantasía ondulatoria en frecuencias diferentes
cósmica
de colores celestiales
chispas de vida
teatro de fantasías
despertador de vida
de ansias, gozos y enigmas.
Reaccionas en fotosíntesis
buscando alimentar al mundo;
acaricias montañas y llanuras
desiertos, mares y balnearios;
vienes de constelaciones y galaxias,
oh, vibrante energía en movimiento
así tardes años luz en tu llegada
y no suenen trompetas bienvenidas
nos encanta tu solaz corpuscular
y la aurora boreal conque te anuncias
al planeta azul de mil historias
sin perder tus destellos y miradas
entre partículas y espacios siderales.
Caminas entre estrellas y materias
nos conectas sobria y recurrente
al conspicuo universo imaginario

encendiendo la vida de alegrías
fabulosos cuentos, con átomos y constelaciones
músicas angelicales
vibrantes melodías inconclusas
en una expansión universal perenne.
Nubes que difractan la luz en millones de gotas congeladas
en coloridas nubes suspendidas.
Ozono, escudo de la vida,
que absorbes letales luces,
no permitas que se acaben tulipanes
los canarios amarillos, ni el multicolor tangara
ni los turpiales en el mundo entero.

CAPÍTULO 8
LA LÓGICA TECNOCIENTÍFICA

"Su vida es envidiable, dijo;
¿en qué debo pensar cuando llore?
Y le hablé del vacío de mis días,
y del tiempo, que empezaba a agotarse,
y de la insignificancia de mis logros,
y mientras le hablaba tuve la extraña sensación
de volver una vez más a sentir algo
por otro ser humano…"

Louise Glück, "*El asistente melancólico*"

Las redes del ciberespacio

Nos acerca, nos descifra
nos usa y nos desvela
fanfarria
crisantemos y luces blancas y azules
realidades y mentiras
explotador de sueños y debilidades
concurrencia de podridas mentes y curiosos,
opiáceos éxtasis pasajeros
mañanas grises
tumulto de voces que estentóreas castigan
injurian, reprimen, obsesionan.
Luz blanca y azul que nos acerca y nos cancela
nos aleja, nos enfrenta, nos distrae
nos corrompe, nos ensalza, nos perturba
nos instruye, nos enseña, nos pervierte.
No destruyan mis melodías internas,
algoritmos que descubren mis ensueños
y los convierten en deseos mercantiles
aglutinados con razones viles.

Enternece y fraterniza
cual zafiro, diamante, rubí o esmeralda en serendipia
talla mi alma para que brille y engalane;
esculpe sonrisas, ilusiones y besos.
Alegorismos vibrantes,
descendientes de Heráclito,
me sacuden y trasciendo
trasbordo, trasfondo
ruidos y bazofias.
Que Zeus y Hefestos
derramen rayos y centellas
truenos y relámpagos
a quien violente por necedad el alma.
Sin reflexión y juicio
ahoga mis miserias en las profundidades

del volcán Vesubio que sepultó a Pompeya
y si rastros quedan, que se llene de lava ardiente
en el Popocatépetl majestuoso.
Permite redes angelicales, circuitos y pantallas,
que busquen pescar y acariciar virtudes
abrir losas sepulcrales
y revivir palomas, sueños
y encantados momentos
en montañas de colores
florecidas y bellas.
Hay un espacio entre la emoción y la calma
reflexiona.
Redes inconfesas
retales de saberes
ubican
mis deseos, operan;
pueden también
extinguir mis sentidos
vinagra mis vulnerables venas
hasta petrificar mi mundo y arrebatar mi alma
para convertirnos en datos y productos
en un *like* o recompensa
en una motivación banal.

Darás de lo que tienes:
sí basura satura tus torrentes sanguíneos
y tinieblas confluyen tu memoria obcecada
es hora de ahogar tu conducta y
aplastar tus palabras espurias, motivos e ideas.

El metaverso se queda

Los dispositivos nos capturan, mente, cuerpo y espíritu
internet, grandioso invento, veloz como un halcón peregrino
para comunicarnos en cualquier sitio;
también confundirnos, vergonzosas *fake news*
cariños seductores que aprietan mis vísceras
mágica virtualidad que no me toca el cuerpo,
pero puede acabar nuestro canto natural.
Me hace olvidar la pasión del beso
y las dulces sonrisas y mensajes,
desvanecidos vuelven a diluirse con la tecla
o vuelven apareciendo lúcidos, otras mentes
misterio, de cuerpos destructivos, absurdo
máscaras que trinan, escondiendo humanas miserias.
Miles de notas confunden, deshacen quereres
conquistan odios y tristezas
para sumar seguidores, intereses, y de escrúpulos apariencia.
Eso no importa: la virtualidad enmascara conciencias.
Internet grandioso que acelera la búsqueda
y concilia deseos sacros para construir primaveras
también aflorar la basura de la gran miseria humana,
ahondando egoísmos y cinismos, palabras cercanas.
*Selfi*e superficial, retrata banalidad incauta
disenso de corazones perdidos, en un mundo sin causa.
Estamos coaptados por el hipermodernismo, seres de consumo,
fichas manipuladas, enceguecen las luminarias redes sociales,
utilizando matrices del comportamiento humano
ahogan con datos, percepciones insulsas.
Ilusos videos mostramos en Facebook, sonrisas y danzas
calibran audiencias, describen, perciben y pintan los hechos
todos caemos, incautos.

El WhatsApp mentiras, mitos y pocas verdades
usamos el tiempo, desgaste infructuoso.
Yo opino: comunicar para buscar la verdad, profundizar y evaluar
la lógica ayuda; el criterio vale si la evidencia cobra.

Como la información abruma, insensatez fulgura
en contenidos se expresan vacíos algoritmos
coartan alcances de libertades frenéticas, la cancelación.
Y ni qué decir de los *clickbait*, que desvían la mente
para hacernos ineficientes, contradictorios, tontos.
Internet acorta mensajes, precisa situaciones
agiliza vivencias y pérfidas proclamas.

A pesar de todo, seguimos teniendo problemas de comunicación, de generosidad, de nobleza de especie. Somos estafetas de logros irrisorios, entendernos, compartir, la fraternidad se ignora, no hemos cambiado, la soberbia nos posee y entender al otro, qué odisea.
El metaverso alimenta la distopía hiperconsumista
quizá simplifica realidades, crea ubicuidad
conquista increíbles creaciones virtuales
con sesgos cognitivos, insertos en algoritmos nebulosos
que dan poder a la idea que transmites.
Avatares que descargan infamias
o solidarias percepciones; pienso, siempre habrá un horizonte
con maleantes o filantrópicas mentes,
que el género humano regular requiere
con un ejército de honorables que valoren la decencia.

El futuro

Incierto
lento en los años mozos, florecidos y risueños
ensueños;
asombrosamente rápido en los longevos, cabizbajos,
fruncido ceño, segundos preocupantes.
Todos los seres humanos con conciencia cósmica
perspicaces y obtusos
Peyorativos abyectos
Caminantes errabundos
relativos vacilantes.
El futuro arrastra las mismas moléculas de carbono
de proteínas insípidas y delirantes
de agua abundante
de vida y cansancio
de sorpresas y desengaños
de misterios y miserias.
Vamos hacia un futuro negado
por la certeza, configuraciones improbables,
azares intangibles
buscando reinventarnos en el tiempo
en medio de rapsodias y dulzainas
de cantos angustiantes,
remembranzas existenciales
y mañanas pletóricas
de felices alboradas luminosas.

Caminamos leales al pasado
la experiencia y los pasos
sin pensar que el futuro nos espera
con adversativas filosofías digitadas
en algoritmos que reemplazan y vigilan
la curiosidad funesta y consumista
de extraños colectivos digitales
con una angustia existencial que nos sorprende
un futuro intocable que no asimos

acaso vemos sin saber
y percibimos sin ver.
El futuro retrasa la efímera contingente vida
y nos acerca al mundo silencioso de la muerte.
Futuro misterioso, recóndito
en un laberinto estresante
ya me espera
para volver al ya impaciente
al taciturno instante
en un devenir que nunca llega,
porque cuando llega, el presente abruma.

No es el olvido, quizás, lo que queremos

Llegaremos recónditos y vivos
al refugio final que nos espera
para retornar desnudos y callados
al proceso fútil de las partículas.

Surgimos, crecemos y lloramos
mientras vibran sentidos y aventuras
y logros cansados y cubiertos
de vivencias banales y sombrías.

Seremos sendero polvoriento
que multitudes levantan como nubes
por pisadas inclementes, tormentosas
en las entrañas cósmicas del viento.

Es el olvido en extraños espacios siderales
donde los algoritmos son indescifrables
o en el mundo virtual del metaverso
ocultando hechos y razones en el reino de las percepciones.

El epigrama será fortalecido
el vencedor de muerte vuelve y triunfa
es la concepción hedónica del mundo
nos entierra o conspira en subterfugio.

Nuestras moléculas silenciosas y dinámicas, en el olvido
sin pensamientos o neuronas transmisoras
volverán quizá gravitando en fugaces nebulosas siderales
con una misión cosmológica diferente, tetradimensional.

El recuerdo, aliento efímero de existencia
pasajero de momentos transitorios en el tiempo
es la espada de Toledo, que atraviesa cortante la memoria,
el irremediable olvido que seremos.

No es el olvido, quizá, lo que queremos
ni ser el polvo del camino transitado,
solo queremos sembrar magnolias en el tiempo
y que otros recojan la cosecha, en una dimensión desconocida.

www.ingramcontent.com/pod-product-compliance
Lightning Source LLC
LaVergne TN
LVHW091600060526
838200LV00036B/927